AF219041

Ludwig Zeppelin

Einbeerstraßen

Gedichte

Dieses Werk versteht sich von selbst als poetische
Willensbildung in deutscher Sprache.
Bestimmungsgemäßer Gebrauch : LESEN.

Bibliographische Information der
Deutschen Nationalbibliothek: Die Deutsche
Nationalbibliothek verzeichnet diese Publikation in der
Deutschen Nationalbibliographie. Detaillierte
bibliographische Daten sind im Internet abrufbar:
http://dnb.dnb.de.

Umschlaggestaltung Acryl auf Papier

Herstellung und Verlag:
BoD - Books on Demand, Norderstedt

ISBN: 978-3-7557-5126-7

und nochmal :

Einbeerstraßen

Gedichte

Von Ludwig Zeppelin

WEGWEISER

Die Nutzung des Navigationssystems liegt in der alleinigen
Verantwortung des Lesers. Rechtschreibung beachten !
Die Routenführung beginnt jetzt.
Bitte umblättern …

Einbeerstraßen

Autobahn

Von weitem schon Idioten brettern
in dieses graue Nadelöhr.
Mit Koma-Opa, Highspeed-Gör,
darüber steht in Riesenlettern :
Ausfahrt – tausend Meter noch.
Bei Rostlaube der Kühler kocht.

Die Hupe vor mir hat zwei Meilen
auf links geblinkt uns frei gemacht.
Im Radio hat es gekracht –
Bekämpft den Stau mit Axt und Beilen !
Im Sitzen Schneckentemperament,
im ersten Gang die Drehzahl rennt.

Ein Zick-Zack-Kurs die Rettungsgasse,
Verkehr auf allen Spuren quillt.
Die Gaffer vorn sind voll im Bild,
im Schrank nicht eine trübe Tasse.
Den Blick versenkt im Straßenplan,
willkommen auf der Autobahn !

Wer ist wo ?

Zu zweien noch gestanden
und Ziele aufaddiert.
Erinnerung am Rande,
und plötzlich schon zu viert.
Termin dazu und Worte
am Schiebetür-Portal.
Noch schnell mal still zum Orte :
WC phänomenal.

Durchs Menschenzaun-Gehege,
gemessen und tariert.
Gepäck getrennte Wege,
Kontrollmensch abtastiert.
Schon zählt man die Minuten,
noch präsentiert man Ramsch.
Die Stewardess im Guten :
„Der Gurt muss um den Wanst !"

Zur Sicherheit Methoden,
die werden nicht gebraucht.
Kaum wieder heil am Boden :
Ein Schlückchen und ein Schmauch.
Und dann den Platz gesichtet,
doch besser nicht gezählt :
Ein Stau sich wälzt und lichtet,
ein Schwarm die Richtung wählt.

Wo bleiben denn die viere,
von denen ich grad sprach ?
Sie treffen dort und hiere
noch wen – schon sind es acht.
Zu acht geht's weiter schnelle,
der Fluten ist kein Wehr –
Vier sinken in der Welle,
da kommen sechzehn mehr.

Sie schleppen sich zusammen
und lehnen sich zurück.
Die Nüchternen und Strammen
zerquatschen Leid und Glück.
Und weiter in Bewegung,
vielleicht zu sehr gehetzt ?
Beweis und Widerlegung
halbiert sie dann, zuletzt

Bleibt etwas auf den Strecken :
Verluste noch und noch …
Die Zeit : gefühlte Schnecken,
der Hunger : bester Koch.
Die letzten achte reichen
zum Abschied Arm und Hand.
Vier bleiben, vier entschweben
zur Schiene, Start-und-Land.

Mit Tickets und mit Pässen,
da wird es deutlich eng –
Noch den und die vergessen,
dann vorwärts ins Gedräng !
Gepäck getrennt vom Menschen,
Methode Sicherheit :
„Attention please, attention !"
Da stehen sie zu zweit.

Baugebiet

Die Krähen sammeln sich auf Kränen,
Maschinerie am Galgen hängt –
Wo rohe Bauten einsam gähnen,
ein Tümpel Mückenlarven tränkt.

Die ersten Habitanten pflanzen,
in Zaun-Parzellen kunterbunt –
Ersichtlich oder hinter Schanzen,
Altbürger wird verbellt vom Hund.

Das Heim soll sich als traut erweisen !
Auf einer Seite Friedhofsstille,
genüber Nachtschwärmer entgleisen
in Konkurrenz mit Frosch und Grille.

Der Baulärm ist auf Jahre sicher,
der Nachbar wirkt jedoch suspekt :
Als erster kam, als erster wich er –
Die Bank hat nichts mehr vorgestreckt.

Statt Saatgut Hypotheken quellen,
wie fruchtbar war der Boden doch !
In Ampfer- und Kamillewällen
der Landwirt schamvoll sich verkroch.

Das Ortsbild mehr und mehr zuschanden,
die Kassen immerhin gefüllt –
Wenn das so weiter geht, wo landen
wir ? Sei still – die Säge brüllt …

Flockentraum

Durch die klare Winterkälte,
halb der Mond und halb versunken,
dick bestrumpft in kurzem Rocke
schwebt herab die Sternen-Flocke,
abzufüllen Park-Halunken
in dem schönsten Dorf der Welten.

Mit Likören und mit Bieren,
mit den andern Bauerntoren
fortgezogen in dem Drange,
dass ein Lächeln ihre Wange
und ihr Kichern meine Ohren
soll in Ewigkeit verzieren.

Ungemachte Liebesnester
liegen ihrem Herz zu Füßen,
den von engem Strumpf gezwickten
Füßen, die der Himmel schickte.
Traumhaft ist es mit der süßen,
funkenfrohen Sternen-Schwester.

Träume enden auch zuweilen,
in Erinnerung ein Gesicht :
Damit durch die Zeiten fahren,
zu entfernten, weiten Jahren,
die zum Glück uns trennen nicht.
Was uns trennt, das sind nur Meilen.

Landleben wohl

Ein wohl Geleit mit Abschiedsgrüßen :
Die Welt ein Dorf und schrumpft zusammen.
Ein Schemel jenen Schöpferfüßen,
der Himmel : Côte d' Azur in Flammen.
Scharf abgestochen Ackergrenzen,
in Feld und Wald Geometrie –
Wo Hecken Frucht und Nuss kredenzen,
verlässt du die ?

Für ungeschlachte Ziegelbauten,
seit Grundsteinlegung in Verfall,
Betongeburt mit früh ergrauten
Vorstadtkindern, Smog und Schall ?
Die Pflanzenwelt gezäunt in Pflege,
der Einkauf international –
In Schlange stehen der Lichter wegen
Gesichter abgehetzt und fahl.

Im Wettkampf stehen kranke Tauben
mit Spatzen, Dohlen, Möwen-Müll.
An jeder Ecke Hämmern, Schrauben –
Kanal und Eisenbahn Idyll.
Ist mal was anderes gewesen,
als dieses Hinterwäldler-Loch.
Vergiss die Rechnungen und Spesen,
besuche deine Wurzeln doch !

Die Bäume sind bestimmt die gleichen,
veränderlich allein bist du –
In Fluten wuchsen deine Deiche,
die Schleusen gehen auf und zu.
Die Nachtigall rührt um die Tränen,
einsamer Berg im Flachland steht.
Zurück, vergiss nicht zu erwähnen,
warum es dir jetzt besser geht !

Brückenwehr

Aus der Ferne geizt es mit seinen Reizen.
Doch dann am Geländer :
Die Gedanken vorbei –
Nur Geist, starrend in Gischt.

Ein Auge wälzt, ein Auge schäumt,
hell plätschern Welle und Fontäne.
Die Fundamente gähnen Leere,
der Strudel mischt im Ohr Beton.

Wasser ist auch da, zwitschern die Luftblasen.
Und dort ist Beton – wer kann sie trennen ?
Das Wehr : schwarz stürzender Strom,
mählich treibende Schlieren.

O Beerwasser !

Widmung

Schönen Dank an Newton Isaak,
der mich malträtiert und piesackt !
Grelles Licht und volle Schwerkraft,
fall ich hin – ein jeder her gafft.
Einen übern Durst kredenzen,
setzt Cartesius mir Grenzen.

Nachts im Park

Komm, wirf dein Fahrrad auf den Haufen,
die Körperhaltung ist egal –
Ob Sitzen, Stehen, Liegen : Saufen
im Herrschaftsanspruch höchst feudal !

O Park ist unser unterm Himmel,
vom Kirchturm hallt der letzte Schlag.
Kein Zapfenstreich noch Weckerklingel
stört Nachtrausch oder Katertag.

An Bierkiste paar Flaschen pflücken,
die Plagegeister Schwebemücken
im Tanze schnappt die Fledermaus.
Gar mutig kommt Kaninchen raus.

Ein Flugzeug dröhnt in Warteschleife.
Am Spielplatz hampeln King und Kong.
Verstohlen blubbert Wasserpfeife,
die Raucher tauchen in Beton.

Der Müll ein Turmbau um den Kasten,
darauf den Kohlenrest vom Grill :
Entsorgt bis morgen alte Lasten,
zum Sonnenaufgang kokelt still.

Bei Abstimmung, das Fleisch zu wenden,
hat Kontra knapp geschlagen Pro –
Von Asche, Ruß und fetten Bränden :
Ist hier schon schwarz und dort noch roh.

Aus Vollmund sprudelt Freuds Versprecher,
persönlich nimmt es Eitelkeit –
Sie dünkt sich Opfer, wird zum Rächer :
So schnell entfacht ist alter Streit.

Beim Flaschenbier versiegt der Quell –
Verbrauch zu sparsam kalkuliert.
Im Kampf um die Reserven wird
der Streit am Spielplatz zum Duell.

Steht unentschieden : Sturz folgt Schrei.
Sagt an, wie hat es euch gefällt ?
Dort wetten zwei, ob Nummer drei
den Mageninhalt drin behält …

In Durst und Frust die Stimmung gärt,
durchs Dorf treibt Rotte wilde Sau.
Seit gestern Nacht Patrouille fährt
ein Party-Bus, gelb-silbern-blau.

Ein Marathon in Finsternis
zur Tanke an der Autobahn.
Regie-Anweisung Filme-Riss –
Zurück, schon kräht der erste Hahn.

Bei Licht betrachtet ist die Stelle
nicht mehr so viel versprechend jetzt.
Wo gestern tobte Brandungswelle,
ist Meeresboden kaum benetzt.

Dithyrambe

Dionysos' Gespielen torkeln
durch Rebenlaub und Eichenkorken,
zwischen Scherben von Amphoren,
maßlos, nicht im Sinn der Horen.
Dithyrambe hat begonnen,
tranceversunken Pythias Nonnen :
„Bernstein gelb, Rubine rot,
rosaperlig oder klar –
Vorsicht, Abstinenz schon droht,
ist genug für alle da ! "

Runter mit der Kehlenwonne,
Magenspeise ist der Trunk.
Heimstatt eine leere Tonne,
Leib und Seele sind im Prunk.
Wohlig gluckert's im Gedärme,
Temperament gewinnt an Wärme.

Endlich zu : zu Kopf geschossen.
Adieu, du schnödes Ich !
Hinter ihre Binden flossen …
Niemand mehr erinnert sich.
Männer, Frauen, einem Treue :
Endlos in Gesang und Wein.
Dass Dionysos sich freue,
Ganymed schenkt jedem ein.

Wo der Thyrsus schlägt zu Boden,
quellen Met und Honig vor.
Sachte senken sich die Hoden,
Morpheus wartet vor dem Tor.

Saturnalien ? Pustekuchen,
Feiern will gelernt, Wohlsein !
Soll Apollon darauf fluchen,
Dithyrambe – Mark und Bein.

Zustand

Juckreiz schon seit vielen Wochen
Neu dazu kommt dieses Pochen
Oder mehr ein Ziehen ? Stechen ?
Räuspern ohne zu erbrechen
Hurtig quillt der Schleim in Batzen
Schlummerträume jäh am platzen
Bruchstücke von Episoden
Frischluftsättigung am Boden

Nabelflusen, Haar zersplissen
Zehennägel krumm gebissen
Säbelbeine, Senkspreizfüße
Von Mikroben schöne Grüße

Krusten aus den Poren quellen
Türmen sich zu dicken Wällen
Achselschweiß erfordert Spachtel
Vom Gemächt erscheint ein Achtel

Kreislauf nicht verdient den Namen
Blutbild grade noch im Rahmen
Pillendose, Salbentiegel
Bild weicht aus bei Blick in Spiegel
Ego zahlt für Rechte dritter
Nachdurst stillt kein Hektoliter
Gleichgewicht hängt in den Seilen
Lage mittelfristig peilen

Batterie aus Keller hieven
Appetit bei ferner liefen
Andere Sorgen hat der Magen
Schultern wollen Kopf nicht tragen
Nasenhaare ungeschoren
Löffelweise Schmalz in Ohren
Augensand wie Wanderdüne
Hinterausgang klopft ein Hüne

Aufstoßen und Übelkeiten
Stunde auf dem Kübel reiten
Stimmenbänder festgeknotet
Geldbestände kleingeschrotet

Kleidung ist mehr klamm als trocken
Zehen gucken aus den Socken
Erst die Schuhe, dann die Hose
Fadenscheinig, Knöpfe lose

Ausgehfertig angezogen
Vom Gedächtnis angelogen
Seufzer stöhnt aus tiefstem Grunde
Eilig vorgerückte Stunde
Näher drängen die Termine
Ausfall mangels Vitamine
Zittern fährt durch alle Glieder
Drüsen legen Arbeit nieder

Harmonie verlässt Hormone
Minenfeld Gefahrenzone
Freie Radikale planen
Überfall von Partisanen
Sammeln sich in den Membranen
Schneckentempo Nervenbahnen
Fette Zellenveteranen
Strecken bald schon ihre Fahnen

Besser noch ne Stunde liegen
Später mal die Kurve kriegen
Hilft nicht in die Arme kneifen
Endlos Wiederholungsschleife

Nachtschicht

So träge dämmert auf den Fluren
die Menschenmenge, schiebt und drückt.
Sie zappelt wohl auf höchsten Touren,
und dennoch reglos bleibt zurück.

Die Hosen hoch, zeigt nicht die Ärsche !
Behalt für dich dein olles *Peace* !
Klein-Teile nicht und auch kein Herrsche,
kein Backblech, keine Ecstasys.

„Ey Alter ! “ Junge – *du* kannst sprechen ?
Dann kaufe dir Vokabular !
Dein Wortschatz karg, du redest Bleche,
verschone mich mit Hrmpf und Uaah !

Ich sah schon Pegasusse kotzen.
Ich wate durch astralen Dreck.
Da blicken meine trüben Glotzen :
Bestätigung und Daseinszweck.

In Form von einer vagen Stimmung,
fragil nicht ganz, doch filigran –
Da hätte ich für Unterbringung,
da will ich mit nach Hause fahren.

A Berglaube

Frühschicht

Die Nachbarn gehen mit den Hunden.
Du Wenigkeit kommst grade heim.
Die Muse ist kurz angebunden,
verfolgt dich mit dem letzten Reim :

„Du sollst gefälligst dich was Schemen ! "
Die Muse an den Kopf dir schmeißt,
„Würdest du dich wohl bequemen,
 festzuhalten Spuk und Geist ? "

Am Fließband fliegen rum die Stifte,
Papiere schichten, kurz drauf sehen –
Die Schuhe aus und rein die Gifte !
Schon klingeln Zwerge, Trolle, Feen.

Die wollen werden wohl bewirtet,
die Vorratshaltung hat gelohnt.
Gleich geht es ab in Richtung Bierzelt,
nichts wird gespart, nichts bleibt verschont.

Zu früh zum Aufstehen, trägen Sitzes
verdämmert dieser Tageslauf.
Du lachst noch ob des eigenen Witzes,
die Muse gibt es mit dir auf.

Der Spitzkegelige Kahlkopf
Psilocybe semilanceata

Von zwei Feen schwer getragen,
eine Kopf, die andere Fuß –
Fliegt ganz stumm ohne Gebaren
Kahlkopf : fleischiger Genuss.
In die Narren, in die Toren
schlägt er seine Kahlkopf-Sporen :
Kahlkopf spitz und kegelig.

Kaum verkostet, lässt er warten
bis mit seinem Selbst man ficht.
Wo sind die gerühmten Taten,
die der Kahlkopf mir verspricht ?
Pilzgeschmack – und doch verschlungen,
mit mir selbst hab ich gerungen –
Kahlkopf, endlich zeige dich !

Welcher Pförtner reißt die Karten
für im Hinterkopf die Logen ?
Plötzlich staunte ich und starrte
wie einst im Palast des Dogen.
Kanäle schauern ewiglich,
die Szenerie Venedig glich.
Kahlkopf, wirr und wunderlich.

Einst gerufen, steht mir beie
Kahlkopf, seither nie mehr wich
diese Lust, ihn zu befreien,
der an meiner Seite schlich.
Auf den Wiesen, auf den Weiden
träume ich noch von den beiden
Kahlkopf-Feen. Träume ich ?

Das Kleine Volk

Das Kleine Volk verdient es, Achtung
zu finden hier in Wort und Schrift.
Versenkt in schweigender Betrachtung,
gar selten man es nur noch trifft.
Das Kleine Volk hält sich gewöhnlich
entfernt von Weg, Verkehr und Stau.
Bedräng es nicht, es nimmt persönlich –
Geh weiter, sieh nicht hin genau !

Versuche mit den Augenwimpern
es anzupeilen, winke nur !
Die Stimme glockenhelles Klimpern,
Gesang und Tanz in der Natur.
Wer nach ihm sucht, wird sich verlaufen.
Wir kennen es, das Kleine Volk :
Es tropft im Takt aus Leck und Traufen,
es planscht in Pfützen, schwimmt im Kolk.

Stets aufgelegt zu derben Streichen,
sein Zeitvertreib ist Schabernack :
Gewebe reißt, die Farben bleichen,
die Milch kippt um, es springt der Lack.
Doch nimmt es gern Bestechungsgabe,
Experte ist auf dem Gebiet –
Ein Kleeblatt, eine Honigwabe,
und schon das Unheil von dir flieht.

Das Kleine Volk besteht aus vielen,
der Zahl nach ist es gar nicht klein.
Es tobt sich aus, will mit dir spielen,
den Einsatz zahlst du ganz allein.
Dem Kleinen Volk einmal begegnen,
wenn du Geduld hast, glückt es dir :
Bescheiden und etwas verlegen,
voll Andacht blätternd im Papier.

Mahlzeit

So kann es gehen, der Sprit ist aus !
Gar kein Problem – wärest du zuhaus.
Durch Afrika Safari reisend
ist nicht gerade zukunftsweisend.
Kommt schwarze Haut mit Haaren kraus,
man lädt dich ein zu einem Schmaus.

Wenn ungebremste Sechsbein-Plagen
bloß sieben Geißeln in dich schlagen –
Die Tierchen, so possierlich fräßen
von deinen eignen Blutgefäßen !
Doch hungrige Anthropophagen
dich schon nach Salz und Pfeffer fragen.

Und zwischen herzhaft großen Bissen
(du appellierst an ihr Gewissen)
laut schmatzend sich die Münder wischen.
Die Gase weichen unter Zischen.
Kannst noch die weiße Fahne hissen –
Ein Tischtuch brauchst du nicht zu missen.

Bei Unterhitze spießgedreht –
Und keiner, keiner auf Diät !
Man lädt auch noch die Nachbarn ein,
sie alle hauen kräftig rein.
Wie schnell dein Appetit vergeht !
Zum Beten ist es nie zu spät.

So endet deine letzte Reise :
Sie wählen dich zur Abendspeise.
Du wolltest hier nur übernachten,
schon fangen sie an, dich zu schlachten.
Dein offenes Herz klopft noch ganz leise,
der Stamm sitzt einträchtig im Kreise.

Das war nun wirklich nicht dein Tag,
denn dieses Kannibalenpack
tischt dich als nächste Mahlzeit auf.
Das ist der Nahrungskettenlauf.
Jetzt brauchst du nicht mal einen Sarg,
beweist noch bis zuletzt Geschmack.

Verdaut, so wirst du ausgeschieden.
Ach, hättest du den Busch vermieden !
Wer wollte dich daheim schon sieden ?
Nun ja, das sind des Lebens Tiden :
Wie Cäsar in des Märzens Iden,
so findest du jetzt deinen Frieden.

Dein Frieden : ein Savannenschiss.
Wiedergeburt bleibt ungewiss.
Schakalen bist du noch genug,
dein Anwalt klagt – Hotelbetrug !
Denn der beleibte Reiseleiter
fuhr tags darauf problemlos weiter.

Schöpfung

Im Wasser hält seit grauer Vorzeit
das Leben sich als Schmeicheltier.
Ein Auswurf atomarer Torheit :
Ursuppensalz in Watt und Schlier.
Der Demiurg reicht seine Flosse,
streut Mineral und Hefe hin –
Der alte Schalk, die Narrenposse
des Menschen spielt seit Anbeginn.

Aus Afrika kann er nicht stammen,
da geht es trist und düster zu.
Ein Kontinent vereint zusammen
Absurditäten : Känguru,
Koala, Flughund, Schnabeltier.
Dann sicherlich auch diese Menschen !
Die meisten Viecher giftig hier –
Warum wohl, wegen uns ? Ach, wenn schon …

Erdbeerbeben

Aquarium

Fische bei dem Wassermann
fängt eine Beziehung an.
Damit Wassermann bei Fische
Tränen aus den Augen wische.

Zappelnd in dem Netz der Fische
– ob der Zauber bald erlische ?
Bis zuletzt der Wassermann
löst sich aus der Fische Bann.

Lorelei

Gebettet auf Papieren
lag ich noch lange wach –
Zur Frischluft hin flanieren,
hinunter an den Bach.
Ein Fräulein stand am Bache,
das plätscherte so zart :
„Mit dir zu übernachten,
 da käme ich in Fahrt …

Haben wir uns schon gesehen ?
Ich bin die Lorelei –
Dich lass ich nicht mehr gehen,
 dein Herz brech' ich entzwei ! "
Ich musste sprachlos zittern,
so schlimm – und doch so schön !
Den Nachgeschmack, den bittern,
den kann man übersehen.

Ich nahm den Mut zusammen
und konnte grade stammeln :
Kommst du nicht aus … der Unterwelt,
die viel verspricht – und wenig hält ?
Die Tränenbäche flossen
in Abgrund, tief geschluchzt.
Aus Augen Blitze schossen,
geknickt ihr schlanker Wuchs.

Verhext, der Ort ! So fuhr ich fort :

Willst du den Pelz mir waschen ?
Durchstöbern meine Taschen ?
In Eifersucht und Launen ?
Ich musste dennoch staunen :
Wie sie im Wasser spülte,
die Augen abwärts schielten …

Geriet ich schon ins Schwimmen,
so schlimm – und doch so schön !
Ich konnte mich besinnen,
und sprach, schon halb im Gehen :
Nein Lore, leider nicht mit mir !
Steig mir aufs Dach, zerbrich Geschirr,
mein Herz bleibt ganz.
War das ein Tanz !

Der Tanz

Du tanzt auf dem Parkett der Sehnsucht,
das nicht für dich gezimmert war.
Verstellt ist meine Notausflucht,
du tanzt in mir, und du tanzt nah.

Der eine Fuß steht auf der Leber,
der andere rührt die Galle um.
Die Röcke wirbeln – drunter, drüber,
doch unsere Herzen bleiben stumm.

Die Stele

Dort ist die Stelle, wo uns trennte
der Weg nach Haus in Einzelhaft.
Der Freigang unbescholten endete,
ich wünschte dir nur guten Schlaf.
Du wohntest weiter rechts,
ich musste hier schon links.
Und schmeckt das Leben noch so schlecht
– stirb oder trink's !

Wir trafen uns zur Promenade,
verdächtig hastig schien mein Gruß
dir, Insel im gleichen Gestade.
Ich wollte nur verschmierten Schuhes
an grüner Au den Anblick weiden.
Du wirfst dich heut noch gern in Schale.

Du Limonade, ich das Bier,
ich Kippen und du Luftschlangen.
Verstanden wir uns gut, wenn wir
gemeinsam schwiegen oder sangen :
Ich den Hoffmann-und-Haydn,
du die Internationale.

Für diese Stille, die wir teilten,
fand ich noch keinen Gegenpol.
Woran wir beide emsig feilten,
das war ganz eigennützig Wohl.
Verführerisch klingt's,
verdirb's oder bring's !

Motiv

Ein still gehaltener Reflex,
ins Licht geworfen, ist jetzt mein :
Ein viel zu schöner Widerschein
von Körpern greifbar und konvex.

Komm nah zu mir und dem Stativ,
und leuchte, strahle nach wie vor !
Berühr die Sinne, den Humor,
verweile noch im Negativ.

Schnellstens wirst du abgezogen,
Entwicklung ruht in jedem Ding.
Von allen Bildern, die ich fing,
bleibst du das schönste. Ungelogen.

Ein Gespräch

Nur ein Gespräch, ein Anblick erst,
dann Wunsch und Wehe, Sehnsucht gar.
Bis du bemerkst, wen du begehrst,
dein Leben ist jetzt sonderbar :
Die Zeit verrinnt nicht – nein, sie klebt
am Vorvorgestern. Nornen-Zwirn.
Als hättest du noch nie erlebt,
wie ein, zwei Menschen sich verlieren.

Zu neuen Gipfeln um das Tal
der Menschenwerdung treuer Pflicht.
Du bist verliebt, hast keine Wahl,
nur eine Brandung ohne Gischt.
Ein Spielball ungestümer Wellen :
Abwechselnd Ebbe, dann die Flut.
Das eigene Licht kann nur erhellen,
wer selbstgenügsam in sich ruht.

Sich nicht verleugnet, nichts von sich,
als Spielball jeden Stümper flieht.
Die Zeiten sind veränderlich –
Doch ob er je das Ufer sieht ?
Ob unser Licht sich je erhellt ?
Wie lange noch ? Und wie lang dann ?
Vereint sind wir in anderer Welt,
und gerne fing ich heute an.

Das Hoffen auf ein neues Leben,
die Abkehr und den Weltverzicht,
das wird dir keine Macht vergeben :
Sie klagt dich an vor *dem* Gericht
der Ewigkeit – du bist gefangen,
und kein Mensch hat noch nie geweint.
In allem Hoffen, allem Bangen,
ward ihr doch schon längst vereint.

So weit

Es ist soweit : Du, Liebste, ruhst
traumverzückt an meiner Brust.
In meinen Armen halte ich
die Scherben der Unendlichkeit.
Wenn niemals solche Zeit verstrich,
die Zukunft bleibe bitte weit !

Mit einem Auge schlaf ich schon,
ein Auge klebt an deinem Haar.
Am Morgen erst zeigt die Option,
ob sie die richtige denn war.

Mein Traum dir in den Haaren hängt,
Einauge ist mir aufgewacht.
Wir zwei im Morgenlicht vermengt,
am Körper nichts als Edens Tracht.
Vergangenheit – die Liebste fehlt,
Erinnerung wie Glut noch schwelt.

Fragen kostet nichts

Wie machst du das, bist du das selber ?
So grün schien mir bisher kein Gras, und keine
                                    Sonne gelber.
Was zwitscherst du, im Murmelmund
– du Augenkuh, so apfelrund ?
Von dir kam jetzt der Vogelsang ?
Der Schnabel wächst mir mitten mang.

Dein Atem klingt wie Engelsharfe,
ich zähl geschwind zehntausend Schafe.
Der Dinge Lauf zurechtgedreht :
Du bist noch auf – so spät ?
Ein Du, ein Ich, Konturen nur
versammeln sich auf einer Spur.

Wie machst du dort den Druck so glatt,
im Kranz beflort und seidenmatt ?
Dein Flügel streicht ans Wolkendach,
die Schwerkraft weicht – noch nie so wach !
Noch höher nun, dann aus das Licht,
die Hände ruhen noch lange nicht …

Verweht

Die alte Liebe in der Klause
getroffen, als vorbei die Sause.
Wohin des Wegs, zu mir ? „Nach hause."
Nicht noch was trinken – Kaffee ? „Brause,

Dann nackt ins Bett." Wer das versteht ?
Vielleicht bis morgen ? Morgen geht …
„Kannst sparen dir solch ein Gebet,
 die Sehnsucht lang schon ist verweht."

Bei mir oder bei dir ? „Beiseite !
 Verschwinde endlich, such das Weite –
 Und meine Spur, die eingeschneite,
 verweht, versteh : kalt sind die Scheite."

Das war die Zeit, Erinnerungen :
Kaminfeuer, wir uns verschlungen,
von Geisern in den Schlaf gesungen,
rasch abgenutzt, dann ausgewrungen.

Davor das heimliche Umschleichen,
zwei Blicke Sehnsucht ohne Gleichen.
Im Funkenregen Händchen Reichen,
Volldampf voraus, gestellt die Weichen.

Danach, das ist die gute Frage –
Auch Zukunftsnacht bringt Schattentage.
Ein Märchentraum, gelebte Sage
als Mindesteinsatz auf die Waage !

Dein Gesicht

Nein, dein Gesicht, das vergesse
ich nie, auch nicht einmal im Traum.
Die Anmut von Röte und Blässe,
die kullernden Augen in Blau :
So riesig, so rund und ein Spiegel –
Was immer du ansiehst, es glänzt.
Dein Herz hinter Schlössern und Riegeln,
wenn du deine Arme verschränkst.

Die Flügel der Nase erbeben,
sonst wären sie fast unsichtbar.
Was Elfen und Feen auch weben,
es misst sich nicht mit deinem Haar.
Von Wünschen flüstern die Lippen,
die Zähne sind halb nur bedeckt.
Zwei Finger breit Speck auf den Rippen,
Gesichtsausdruck beißt auf Konfekt.

Die Knubbelchen sind echte Ohren !
Da gehen Gedichte hinein :
Gehaltvoll und schwer, ausgegoren,
doch gleichzeitig edel und fein.
So bist du, und wenn ich nicht wüsste,
dass du wirklich atmest und sprichst,
ich etwa erfinden dich müsste –
Im Traum kann ich so etwas nicht.

Genierzucker

Damenbesuch

Den gröbsten Dreck beiseite räumen.
Gelüftet, dennoch temperiert.
Erst Flächenglanz – dann Abwasch schäumen.
Gekämmt, rasiert und maniküt.

Parfümgeruch : ein Hauch von Noten.
Gesichtskontrolle angesagt.
Toilettengang – wasch deine Pfoten !
Nicht schüchtern, doch nie zu gewagt !

Noch jeden Anruf stolz vertrösten :
Ein andermal – erst wenn sie geht …
Bis niemals dann, im Tagtraum dösten
zwei Menschenherzen früh bis spät.

Die Arbeit rührt zu Schweiß und Tränen.
Schonwieder Duschen ? Nicht allein !
Das Herz im Hals von Schnabelschwänen :
Auf schönsten Fall gefasst zu sein !

Mit Fassung tragen : Brilli-Klunker,
beim Zungenschlag das Piercing klingt.
Ein Mix aus Rasta-Mann und Junker :
Die Selbstfindung durch sie bedingt.

So schön – voll Ruhe – vor dem Kommen,
ein Zauber webt die Bude ein.
Erwartungsvoll Getränk genommen,
soll nicht zu viel gewesen sein !

Dann klingelt es, auf Stufen schweben
ein Traum und harte Wirklichkeit.
Stampft hinterdrein auch wahres Leben,
die Vorfreude verschönert Zeit.

BH-glichkeit

Vom Berg zum Tal in einem Rutsche,
das Baumwoll-Land entblättert sich.
Zwei Lippenpaare sich belutschen,
der Unterleib : er pocht erpicht.
Lawine fällt den Berg im Sturz,
am Scheitelpunkt die Gipfel blühen.
Begraben unter sich den Wurz –
Auf den Genuss folgt keine Sühn.

Die Märchenschweine

Heimlich raschelt es im Stroh :
Märchenschwein mit nacktem Po.
Heftig knistert es im Heue,
tummeln sich die Märchensäue.
Fest verstricken sich die Beine
der geliebten Märchenschweine.
Märchensau und Märcheneber :
Eine Nehmerin, ein Geber.
Flimmern bis ins letzte Härchen
spüren süße Schweinemärchen.

Ewigkeit

Die Ewigkeit im Blick, nie enden
die Folgen von Geburt und Tod.
Erneute Güsse aus den Lenden :
Zwei Ähren in demselben Brot.

Ein jeder ist sein Stullenschnitter,
Portion nach eigenem Ermessen.
Zu stillen Mast, und all den Klitter
mit Aufschnitt in die Kehle pressen.

Vorne backen / hinten schneiden,
durchgekaut und eingestampft.
Ein Krümelwerk : zu Staub der Reigen,
die Hefe in den Lebenskampf.

Dilemma

Die Lämmer sind im Widder-Streit,
teils sind sie fromm, teils sind sie breit.
Berauscht von Bockbespringungs-Lust,
es drängt zum Nacken jede Brust
– die Lämmer.

Die einen müssen Leben tragen,
die anderen den Ansprung wagen.
So manches hat den Wolf im Pelz :
Das eine hebt's, das andere fällt's
– die Lämmer.

Ob luftig Höhe ? Grottenfels ?
Ein fauler Tümpel klaren Quells ?
Die Lämmer haben keine Wahl,
nicht mehr seit anno dazumal
– die Lämmer.

Wir alle sind aus Lamm gemacht :
Die einen grob, die andern sacht.
Behaucht von Gottes Odem groß,
die Brücke führt durch jeden Schoß
– wie Lämmer.

Versiebt

Mein krampfes Herz blutet sich leer,
der Kopf dreht Karusselle.
Verliebt mal wieder, einmal mehr,
die alte Liebe gibt nichts her –
Du füllst jetzt ihre Stelle.

Dein Pech fehlt noch zu meinem Glück,
reib mir es in die Haare !
Ein Schritt zur Seite, zwei zurück,
such ich den Weg nach Eden-Brück
und Amors Lustfanfare.

Die Federn, die ich lassen muss,
sowie die andern Flausen –
Sie wiegen nicht mal einen Kuss,
du pflegst hingegen den Genuss
mit herzlosen Banausen.

Geschenk ist mir ein Blick von dir,
befremdlich und verachtend.
Für dich alleine schreib ich hier.
Was machst du wohl mit dem Papier,
und meiner Seele schmachtend?

Du Ernte schwankst fast schnittbereit
in jeder meiner Zeile.
Der Dünger ist die Einsamkeit,
ich Klepper trete Furchen breit
und säe Langeweile.

Bis ich verliebt aufs Neue bin,
musst du mich wohl ertragen.
Dann stürze ich zur nächsten hin,
es liebte dich dein Harlekin –
Jetzt kann ich's dir ja sagen.

Nummer Eins

Vom Herz zum Hirn ganz ohne Worte,
vor Schamgefühl die Zunge schweigt.
Die Zunge schwelgt im Hauch von Torte,
wenn Nummer Eins den Himmel geigt.

Was zwischen Schläfen übrig bleibt,
ist : zwei, drei Sinne niemals reichen –
Nicht Schleudern / Trocknen, nicht Einweichen,
die Herzensregung wird gehypt.

Ich kann es schadlos nicht berichten,
weiß jeder : was sich liebt, das neckt !
Die Schabenfreude kann vernichten,
absichtlich oder im Affekt.

Auf Halde Abraum kippen Loren,
zum Glück Papier geduldig ist.
Ich flüstere den Eselsohren,
die dulden jeden Menschenmist.

Meine Muse

„Aber Ludwig, sprach die Muse,
 willst du vor der Arbeit scheuen ?
 Ist dein Kopf nicht eine Druse,
 randgefüllt mit Edelstein ?
 Deine letzten Werke waren,
 mild gesagt, ein Pappenstiel :
 Hergezogen bei den Haaren,
 unten Mast und oben Kiel.

Soll ich dir erst Beine machen –
Peitsche ? Oder Zuckerbrot ?
Was ? Was gibt es da zu lachen ?
Mit dir hab ich meine Not !"

Bitte, Muse, lass mich sagen …
Gleich vergeht der Zwerchfell-Krampf,
deine gut gemeinten Fragen
setzen mich schon unter Dampf.
Nur, wo hab ich anzufangen ?
Nenn mir Thema, Maß und Reim !
Pluster nicht die Knusperwangen,
fällt dir denn nichts passendes ein ?

„Immer soll ich für dich schuften,
 und – was kommt am Ende raus :
 Willst vorm Publikum verduften,
 und erscheinen beim Applaus.
 Was aus dir noch werden könnte :
 Borchert, Büchner, Benn-Verschnitt !
 Wenn die Lampe öfter brennte …"
Halt, ich komme nicht ganz mit.

„Wenn du deine hohle Schale
 doch mit hoher Schule tauschst,
 und ich sag's zum letzten Male :
 Wahre Dichter sind berauscht ! "

Auch ein Gläschen ? Prosit ! „Prost ! "
Schreiben wir denn jetzt, ein Vorschlag ?
Hammer nicht – dann wird gelost :
Kopf ist Schmonzette, Zahl gibt Totschlag.
Die Münze steht – auf ihrem Rande !
„Auf welchem denn ? " Sie dreht sich noch :
Auf einer Seite Liebesbande,
die andere ein Mörderloch.

„Dann eben irgendwas dazwischen,
was höheres – kannst du Niveau
mir einmal nicht mit Dünkel mischen ?
Ich wäre froh !
Was anspruchsvolles wünsch ich mir,
fang schon mal an, ich geh ins Bett.
Mein letzter Schliff und Restverzier
vollendet morgen dein Sonett."

Die Fuß-Ungeheuer

Ein Quantentheologe
Trieb Quantautologie
Da kam vollsalz die Woge
Über das Genie
Beim Füßeln Fuß zu fassen
Das fiel ihm deutlich schwer
In Buttersäure prassen
Doch etwas leichter wär

Sowie beim Fass zu fußen
Erschien ihm elitär
Kein Fasten, keine Buße
Wiegt mehr
Mit zähen Ballen tanzte
Er Zeh-Ballet im März
Da tanzten sie und pflanzten
Sich Mief ins Herz
Diffus : Fuß-Ungeheuer
Befuseln sich im Mai
Im Juni und auch heuer
Tandaradei !

„Oh Schreck – das mit dem Saufen
Nimmt Ludwig sehr genau …
Es ist zum Haare raufen –
Die dumme Sau !
Ho Ludwig, ho – hierher, bei Fuß
(oh nein – *beileibe* besser klingt) !
Dein Fußgedicht ist feiner Stuss,
der obendrein noch stinkt !

Solche klecksigen Ergüsse
du von deiner Backe schminkst !
Wenn du ungewaschene Füße
unter meinem Tisch besingst,

Wirst du einiges erleben –
Aber fort an ohne mich !
Soll ich mir denn Brüche heben,
deinetwegen ? Ludwig, sprich ! "

Vielmals um Verzeihung flehend,
mein Verstand ist nicht so schnell.
Diese Schreibe, die du schmähend
schimpfst, heißt : experimentell.

Deine treuen Dienste schätze
ich hoch über allem stets.
Wenn Ästhetik ich verletze,
ist das Freiheit des Poets !

Muse, liebste, ohne deinen
Sachverstand wär ich nicht da.
Du bist Wasserstoff in meinem
Zeppelin – dem Himmel nah !

Marmorladen

Werfelglück

Flach von luftiger Empore
schwimmt Dein Blick geradeaus.
Wo ich lang nach Reimen bohre,
schüttelst Du den Ärmel aus.

Dank für, dass ich Dich erfahren !
Jedes Wort erübrigt sich.
Weisheit mit Empfindung paaren,
bürsten gegen unsern Strich.

Hohles Hirn in Phrasen-Schalen :
Nicht von Dir vertreten Reich –
Flüchtest Du aus den fatalen
Landesgrenzen übern Teich.

Zeitgeist sollte Zweifel hegen :
Digitalem Firlefanz
sklaventechnisch unterlegen.

Mensch, Du schöner Strahlenkranz,
spendest Trost auf unsern Wegen –
Komm bald wieder, Werfel Franz !

Conrad Ferdinand Meyer

Ein Spökenkieker wie kein anderer,
das wetterfeste Urgestein.
Von Firnen aus an Mythen knüpfend,
auch mal Bacchanten-Sekretär.
Vertraut mit Kriegs- und Glaubenswirren,
der schollenfeste Reisende
schürft von der Sohle Emotion.
Aus erster Hand Geschichtsergänzung :
Ein Klinkerwall um Rostruinen,
Modellgestell zur Ansicht frei –
Begehbar, und fast spürt man gar
die Brise einst bekannter Welt.

Aristarch und die Priester

„Die Sonne, sie besteht aus Stein.“
Sprach Aristarchos auf die Frage,
woraus die letzten Dinge seien.
„Ob er sie noch alle habe ?
Die Sonne : heiß, von strahliger Gestalt.
Der Stein : gedrungen, dunkel, kalt.
Hier Selbstbewegung, Spektrenschein –
Dort Trägheit, Starre – Irrtum dein ! “

„Könnt ihr mir dann vielleicht erklären,
aus was die Helios-Büsten wären,
die allen Ortes angebracht –
Woraus ist dieser Gott gemacht ? "
Die Priester waren sehr erbost
über Frevler, wie jetzt diesen.
Und ganz ohne Erklärungsnot
hat Aristarch man ausgewiesen.

Der Weg nach Tenochtitlan

Mittelamerika, 1519 : Hernán Cortés' Invasionsarmee
begegnet Kaiser Montezumas Botschaftern. Diese versuchen,
jene durch Geschenke und Schmeicheleien vom Vormarsch
in Richtung ihrer Hauptstadt abzubringen.

Mühsam nur, und sehr beschwerlich
kommt man nach Tenochtitlan,
anstrengend und höchst gefährlich.
Höre, großer Gottesmann :
Meine Hauptstadt ist bescheiden,
Schotterdamm im Sumpfgebiet –
Bitte ich dich, sie zu meiden !
Not und Krankheit überwiegt.

Peinlich würd es mich berühren,
dir mein Volk vor Augen führen :
Diebesleute, Scharlatane …
Grässlich stinken die Vulkane.
Kaum bist du aus Urwaldranken
Mücke, Fieber, Tod entgangen,
sperrt der hohen Gipfel Schranken
den Weg nach Tenochtitlan.

Eben noch in Schattendächern,
Raubkatzen und Würgeschlangen,
und nach durchgeschwitztem Fächern
bläst der Hurrikan dich an.
Keine Schatten auf den Höhen,
auf den Kieseln rutscht der Fuß.
Sonnenstich bei starken Böen –
Schick dem Abhang meinen Gruß !

Einen Helm voll Goldstaub will ich
Dir zu schenken mir erlauben.
Halte das für recht und billig,
Gottesmann, an den wir glauben.
Bitte bleibe fern von hier,
Tenochtitlan ist keine Zier !

Cortés :

Wer *so* spricht, ist nicht von Sinnen,
eine List, die witter ich –
Kann Intrigen besser spinnen
irgendjemand außer ich ?
Entweder er will uns narren :
Wenn er so viel Goldstaub schenkt,
hat er sicher viele Barren.
Cortés grübelt, Cortés denkt :

Oder wahr ist seine Rede,
kläglich sein Aztekenreich ?
Ganz egal, jetzt auf zur Fehde !
Wir marschieren ab sogleich.
Aber noch kein Wort von Feindschaft !
Wollen erstmal selber sehen,
was er alles noch herbei schafft,
wenn wir zügig zu ihm gehen.

Montezuma :

Auch die bunten Quetzalfedern,
Schlangenhäute, Edelsteine
Findest du bei meinen Trägern,
Pantherfelle, alles deine !
Aber bitte komme nicht,
Tenochtitlan ist nichts für dich !

Götterfleisch wird gern verzehret,
nachgespült mit Pulque-Räuschen.
Dieses Laster währt schon ewig,
will nicht meinen Gast enttäuschen.
Tote stürzen von den Stufen,
machen unsere Seen fäulig.
Wenn die Trommeln alle rufen,
wird es richtig erst abscheulich :

Müde tanzen unter Peitschen
Opfer ihren Atem aus.
Zitternd noch, bei lautem Kreischen
schneiden wir die Herzen raus.
Damit unseren Gott zu speisen,
ist die erste Tagespflicht.
Sage, Gott, nach langem Reisen
Möchtest du ein Herzchen nicht ?

Alles, alles will ich geben,
wenn du bleibst an deinem Ort.
Bleibst du an der Küste leben,
halte ich mein Ehrenwort.
Was in meiner kargen Macht liegt,
jeden Wunsch erfüll ich dir –
Alles, bis dein Tisch sich biegt,
komme aber nicht nach hier !

Cortés :

Wieder kann ich da nur sagen :
Kurze Rede, langer Sinn.
Was sie uns entgegentragen,
ist noch größerer Gewinn.
Wenn er alles uns versprochen,
dieser König aus den Sümpf –
Lasst uns ihn jetzt unterjochen,
unserm Kaiser, Carlos Fünf !

Dreizehn hat es längst geschlagen,
schauderhafte Freveleien …
Männer, wir müssen es wagen,
soll der Herr uns gnädig sein !
Mit dem alten Süßholz-Scheißer
machen wir kurzen Prozess :
Jeder findet seinen Meister,
Montezumas heißt : Cortés !

Rilke

Starrt die Welt vor Degenspitzen
trüber Geister Wolkenwand –
Leuchten Deine Geistesblitze,
Herzen füllst Du übern Rand.

Im Geschichtsbuch Säbelwetzen,
in den Gassen gröhlt Gesang.
Deine Meilensteine setzen
die Gefühle neu in Gang.

Niemand kann so schön sezieren,
Feder führst Du wie Skalpell.
Donnergroll gewohnten Tieren
tränennass wird dickes Fell.

Benn

Die Erstgeburt blieb ungeschlachtet.
Der Vater macht in Brot-und-Wein.
Ein wenig kulturell umnachtet,
und doch ein Fundament von Stein.
Bei Knochenschleifern Stab und Schlange
erworben. Uns seziert er : Staub !
Euterpe küsst ihn auf die Wange,
den Teilnehmer am Weltenraub.

Im Scherenfernrohr Gonokokken
und Kokain am Gaumenrand –
Wenn sieche Kameraden bocken,
das Mikroskop ist bei der Hand.

Retraite bläst die Feldfanfare,
dem Zivilisten lacht das Herz.
Wie Gold erglänzen zwanzig Jahre,
und wieder heißt es : heim ins Erz.

Ein Todesurteil jede Seite
steht unvollstreckt im Tagebuch.
Nachdem der erste Dienstherr freite,
folgt endlich der Zusammenbruch.
Ein Schluss, ein Strich, Erinnerungen
– der Spätgeburt ein Paukenschlag.
Parnass in deutschen Niederungen
bleibt unerreicht bis auf den Tag.

Kantiade

Goethe las den ganzen Kant.
Kant den Goethe öde fand.
Nietzsche sprach in diesem Sinne :
Kant – Verhängnis einer Spinne.
Kant, dem Nietzsche kein Begriff,
gab Vernunft den reinsten Schliff.

So, wie es erscheint für mich,
ist noch nicht das *Ding an sich.*
Ein Subjekt schaut Zeit und Raum,
läutert Geistersehers Traum.
Klingt, als hätt' er ein' im Tee :
Ist Erkenntnis erst passé,
kommt Idee transzendental,
wird das Ganze welt-kausal.

Handlung nach Maximen sollte
sein, wie Kant den Kosmos wollte.
Wird Gesetz es der Natur –
Handle stets so, noch und nur !
Aufgeklärtes Volk hat Glück :
Bildet mächtig' Republik –
Friedens-Neigung die Natur,
wäre allen Völkern Kur.
Mittelpunkt für jene Arten
völkerrecht-gemäßer Staaten.

Wissen besser aufgehoben,
glauben wir nur dem da oben.
Finsternis folgt auf das Leben,
rechte Tat kann Hoffnung geben.
Zweierlei bleibt bis zuletzt :
Sternenhimmel und Gesetz.
Benutz Verstand, hab nur den Mut,
bis ganz zum Ende : „*Es ist gut.*"

Ein weiterer Titel von Ludwig Zeppelin

Brombeerium

Books on Demand ISBN 978-3-7543-2798-2

Spätschicht

Am Himmel murmelt Flugmaschine.
Beim Nachbarn plätschert Urinal.
Darunter fauchen Wasserhähne
vertraut, doch störend auch zumal.

Gut steht der Wind, steh auf und lüfte !
Der Müdigkeit paar Kaffeegüsse –
Den Qualm durchs Fenster, raus die Gifte,
das Fernsehn zielt die letzten Schüsse.

Zu spät zum Schlafen, kaum im Bette
bedrängen mich die Bilderhaufen.
Der Einfall, den ich gerne hätte,
soll nicht im Treibsand mir verlaufen.

Her mit dem Brett, die Fetzen runter,
ein unbeschrieben Blatt geklemmt.
Die Mine stockt, Mineur ist munter,
den Meißel er ins Weiße stemmt.

Aufs Kehrblech mit den Haufgebilden !
Ein Tusch vom Frühkonzert beschwingt.
Zurück in daunigen Gefilden,
zum Frühstück Überraschung winkt.

Sie haben Ihr Ziel erreicht